L'ABBÉ FLOTTES

ET

SA BIBLIOTHÈQUE

PAR

PAULIN BLANC

CONSERVATEUR DE LA BIBLIOTHÈQUE DE LA VILLE DE MONTPELLIER

(MUSÉE-FABRE)

« Pro domo. » *Cic. Orat.* 29.
« Non domo dominus, sed domine domus
« honestanda est. » *Idem, de Offic.* 4.

MONTPELLIER

IMPRIMERIE TYPOGRAPHIQUE DE GRAS

1863

L'ABBÉ FLOTTES

ET

SA BIBLIOTHÈQUE

PAR

PAULIN BLANC

CONSERVATEUR DE LA BIBLIOTHÈQUE DE LA VILLE DE MONTPELLIER

(MUSÉE-FABRE)

« Pro domo. » *Cic. Orat.* 29.
« Non domo dominus, sed dominus
» domus honestanda est. » *Idem, de Offic.* 4.

MONTPELLIER

IMPRIMERIE TYPOGRAPHIQUE DE GRAS

1865

L'ABBÉ FLOTTES

ET

SA BIBLIOTHÈQUE [1]

« Pro domo. » Cic., Orat. 29.
« Non domo dominus, sed domino
» domus honestanda est. » Idem, de Offic. 4.

Lorsqu'une chose aussi capitale que l'est le don testamentaire de sa bibliothèque, fait à sa ville natale par l'abbé Flottes, occupe ici tous les esprits ; lors surtout que l'appelée est une ville qui tire son illustration séculaire de la culture des sciences, des lettres et des arts, et si elle est à bon droit fière de ses établissements divers, de ses bibliothèques et de ses musées, le sentiment public, qui s'est associé d'abord aux accents sympathiques prononcés

---

[1] Cette bibliothèque est aujourd'hui la propriété de la ville de Montpellier.

au bord d'une tombe [1], peu après dans une assemblée officielle [2] et ailleurs, aux témoignages de la presse [3], réclame une autre satisfaction. Ce qu'il réclame, ce sont des détails sur la composition du don et sur sa valeur, sur la question des locaux et leur appropriation, et sur l'époque assignée à l'acheminement du don vers l'établissement destiné à le recueillir.

A cette pensée essayent de répondre, sous la sauvegarde de nos respects envers qui de droit, les lignes qu'on va lire. En effet, les deux dernières questions échappent absolument à notre compétence : nous y donnerons toutefois nos idées. Quant à la première, vu l'insuffisance du temps accordé à notre examen [4], notre réponse ne sera encore qu'une appréciation d'ensemble. Elle sera complétée plus tard lorsque, après l'achèvement des études préparatoires, aura lieu la publication du catalogue, assurée par les volontés libérales du donateur. Il eût été trop long d'attendre jusque-là.

Des paroles autorisées, en germe dans certains esprits ici et ailleurs, assigneront plus tard à l'abbé Flottes, sans

---

[1] Discours prononcé aux funérailles de l'abbé Flottes, le 27 décembre dernier, par M. le doyen et professeur Germain. (*Messager du Midi* du 29 décembre. — Le même discours publié en brochure avec additions, par le même. Montpellier, Martel. 1865.)

[2] Rapport de M. le professeur Bouisson au Conseil municipal, en qualité d'organe d'une commission spéciale, et sur le prononcé duquel le Conseil déclare avec enthousiasme accepter le don sous les conditions qui l'accompagnent, et vote l'impression du discours. *Messager du Midi* du 7 janvier.)

[3] *Revue de l'instruction publique* du 26 janvier dernier: article de M. Guardia — Le *Temps* du 20 janvier.

[4] Ceci était écrit dès les premiers jours du mois d'avril dernier.

parler de sa pratique éminente des vertus chrétiennes , la place distinguée qui lui revient dans l'histoire du professorat académique et dans celle de la philosophie contemporaine.

Celui à qui se trouve dévolue dès ce jour la garde et la communication publique des livres de ce professeur n'a autorité et capacité que pour décrire et symboliser les instruments de travail chéris dans le commerce desquels l'abbé Flottes nourrissait, éclairait et échauffait sa pensée et son âme.

Mais, au moment de parler, celui qui écrit ces lignes ne peut (et il prie qu'on lui pardonne cet élan) se défendre d'une vive impression au souvenir respectueux et reconnaissant qui l'attacha dès ses jeunes années à la personne de l'abbé Flottes , et qui ne s'est refroidi jamais. L'abbé Flottes fut son catéchiste aux jours bénis de la première communion (note A); en ce moment, il est, celui-là, l'un des anciens parmi les premiers témoins des débuts de l'enseignement philosophique de ce professeur au collége royal de Montpellier (note B). Ah ! il voulait bien s'en souvenir quelquefois, ce bon abbé Flottes ! Puisse la pensée intime du conservateur futur de sa bibliothèque arriver là haut jusqu'à lui !

Les paroles qu'on va lire sont écrites, ai-je dit, trois mois à peine après le jour qui a ravi l'abbé Flottes à l'amour de ses concitoyens et à l'estime du monde savant.

A une courte date de ce jour, à la suite du vote approbatif du Conseil municipal, et sur le permis de l'administration, le bibliothécaire et son adjoint ont été établis, avec toute sorte de gracieusetés de la part des exécuteurs testamentaires [1], dans le sanctuaire où l'abbé Flottes conservait sa riche collection.

Ce sanctuaire, c'est, dans la maison où l'abbé Flottes vivait entouré de tant de soins et de respects affectueux, la suite à deux étages des pièces de son appartement; toutes, sans exception de sa chambre à coucher et de son oratoire, tapissées de corps de bibliothèque où les livres sont rangés sur deux et quelquefois sur trois rangs. Tout y est farci, tout, jusqu'au prie-Dieu et à un petit meuble où, par parenthèse, nous avons découvert plusieurs manuscrits arabes [2] dont, le moment venu, le sens nous sera

---

[1] M. Jourdain, ancien proviseur au lycée de Montpellier, officier de l'Université; M. Guibert, ancien professeur et économe au même lycée.

[2] C'est à M. le colonel Grégoire Correnson, son ami, que M. l'abbé Flottes devait la possession de ces manuscrits. Après le siége de Constantine, auquel le colonel prit part en qualité d'officier supérieur, ils furent trouvés par lui dans une maison abandonnée et criblée par les boulets.

livré par l'orientaliste **M. Eusèbe de Salles**, redevenu, après de longues années d'absence, citoyen dans sa ville natale.

Il ne fallait pas s'attendre (et je dis ceci comme circonstance atténuante, en vue de l'imperfection de cette étude), il ne fallait pas s'attendre à trouver ici un ordre bibliographique absolu et rigoureux. Cet ordre n'était pas possible, avec les exigences du local et avec la passion quotidienne d'acquérir et jamais satisfaite de · l'abbé Flottes, passion telle que , la veille même de sa mort, on lui apportait, sur le lit où il devait bientôt s'éteindre, un livre dont l'adjudication lui était restée dans une vente publique faite à Paris.

A nous, rédacteurs du catalogue, cette absence absolue d'ordre méthodique a dû ménager à tout instant des surprises charmantes : c'est quelque chose comme l'émotion de ce curieux de la légende locale introduit à minuit, l'heure fatidique, dans le roc de Substantion [1]. Mais, pour l'abbé Flottes, cette circonstance domestique n'était pas un embarras. Il avait essentiellement la mémoire locale, dont (je m'en souviens) il nous démontrait psychologiquement, sur les bancs du lycée, la raison d'être, la source et les effets, en appuyant ses preuves de merveilleux exemples. Sa main sûre se posait toujours imperturbablement, même dans l'obscurité (jamais lumière n'approcha de ses rayons), sur le livre qu'il cherchait, soit pour lui-même, soit pour

---

[1] Lou Tresor de Substantioun, *per* Favre, *priou-cura! dé Cellanova*. *OEuvres complètes* publiées à Montpellier en 1835. Virenque, libraire. — Lisez *Sustancioun* ; c'est la lettre du manuscrit. - Le recueil manuscrit autographe des œuvres de l'auteur est conservé dans notre bibliothèque.

les emprunteurs d'élite, à l'usage de qui cette bibliothèque privée était devenue une sorte de fonds public.

Je ne puis encore préciser le nombre des volumes de cette grande bibliothèque: mais ce qui la distingue c'est le choix parfait.

Ce désir impatient de posséder des livres et l'esprit critique qui l'éclaire apparaissent déjà dès les premières années des études de l'abbé Flottes.

Il avait à peine terminé ses classes d'humanités à l'École centrale, que déjà, privé de son père, et aux applaudissements de sa mère qui sympathisait à ses vues, il déclara son choix pour la carrière ecclésiastique. Il fit, comme on l'a dit, son cours de théologie sous la direction du savant curé de St-Roch, l'abbé Crespin. Mais les livres classiques et de profession, les seuls qu'il possédait, ne pouvaient suffire à sa soif d'apprendre et d'apprendre à apprendre. Un jour, il avisa quelque part un exemplaire à vendre du *Traité des Études* de Rollin; il y épuisa le profit de toutes ses petites économies, et emporta triomphalement et clandestinement le livre chez lui. Là, le soir, dans une pièce reculée de son appartement et sans lumière, pour ne pas mettre en éveil les susceptibilités de sa mère, qui craignait pour cette organisation délicate les fatigues d'un travail excessif, il recevait son ami des bancs de l'Ecole centrale, Prosper Bérard; celui-ci alors élève en médecine, devenu depuis le célèbre professeur Bérard, prématurément, hélas! enlevé à la science dont il était l'honneur. C'était, entre l'élève en théologie et l'élève en médecine, de longs entretiens sur Dieu, sur l'âme, sur la nature physique et morale de l'homme, et encore sur les règles didactiques du raisonnement. Les préceptes du bon Rollin étaient fort goûtés par tous deux ; mais l'abbé

Flottes y portait une application particulière. Longtemps, en dehors des livres dogmatiques, le *Traité des Études* fut pour lui son *unus liber*. Il le savait presque par cœur; l'ayant, comme il l'a dit souvent, lu et analysé jusqu'à *quatorze fois*. Comment s'étonner qu'à cette méditation, à cette assimilation psychologique, se soit formée en lui cette pureté de goût, cette élévation de sentiments, cet esprit sérieux et réfléchi qui brillent dans toutes ses productions?

Ordonné prêtre, et bientôt après professeur de dogme au séminaire, puis aumônier du collége (1813-1816, 4 avril 1816), l'abbé Flottes put songer à former le premier noyau de sa bibliothèque. La mort de son vénérable professeur de théologie, survenue peu après, l'y aida. Ses moyens lui permirent de prendre dans sa bibliothèque des ouvrages de maître, mais surtout plusieurs recueils des saints Pères. Les libraires Renaud, Fontanel, Seguin, et les deux vieilles demoiselles Bauquier[1], dont une, assure-t-on, savait le grec (et pourquoi pas? Quel amateur n'a pu voir à Paris, dans sa librairie quai Voltaire, Mme Porquet lisant couramment et interprétant les titres des livres grecs qu'elle cherchait à vous vendre?.....), enfin les principaux libraires de la ville avaient l'abbé Flottes pour habitué.

Mais ce fut en 1831 — depuis longtemps déjà il cumulait les bénéfices de sa double charge d'aumônier et de professeur de philosophie au collége — ce fut, dis-je, en 1831 et après la mort de sa mère, que, devenu maître de sa fortune,

---

[1] Je vois d'ici le magasin des demoiselles Bauquier, à l'entrée de la rue Canabasserie, près du marché : c'était une sorte de bazar, où les livres avaient une place cachée et ouverte seulement aux amateurs. On assure que ce fonds, acquis pendant son émigration par un prêtre qu'elles avaient recueilli chez elles pendant la tourmente révolutionnaire, leur avait été revendu par lui.

il put à loisir suivre ses goûts sans cesse ni trève. Cette passion n'avait pour limite que la réserve d'à peu près moitié,
faite dans son budget au profit des pauvres ; les pauvres,
auxquels une part posthume générale est assurée dans son
testament ; les pauvres, dont les noms, durant le cours
de son assistance personnelle, demeurèrent inconnus même
à ses meilleurs amis. (Note C.)

Une seconde limite à ses goûts était prise dans son in-
variable résolution de payer ses achats au comptant, et, en
cas d'impossibilité, de s'abstenir ; je puis en citer un
exemple assez récent :

Un libraire de notre ville lui proposait une magnifique
Bible polyglotte de Valton ; il possédait déjà, comme œuvre
de choix, une autre polyglotte, celle d'*Arias Montanus*, provenant l'une et l'autre d'un fonds dont j'aurai à parler tout
à l'heure ; mais la caisse livres était épuisée : ce devait
être une affaire de 600 fr. Vainement le libraire offrit-il à
l'abbé Flottes de garder chez lui, à titre de prêt, le livre
pendant longtemps, six mois s'il le fallait, sauf à régler
quand cela lui serait commode. L'abbé Flottes se tint à
quatre, mais il resta inébranlable. Cet acte honore à la
fois et le bibliophile et le libraire, que je suis bien aise de
nommer, M. Félix Seguin, de Montpellier.

Ah ! si l'abbé Flottes avait eu alors sa pensée d'avenir ré-
solument arrêtée, ses regrets n'auraient pas eu leur raison
d'être ; car l'établissement qui devait être son légataire
possédait et possède très-complète (fonds Alfieri) la même
polyglotte.

D'autre part, le nom de l'abbé Flottes était connu au
loin sur les grands marchés de librairie. En dehors de la
librairie locale, qui s'approvisionnait souvent à son inten-
tion, il recevait quotidiennement des offres de Lyon, de

Paris et de l'étranger ; la Hollande, la Belgique, l'Angleterre, l'Allemagne.

Cela explique le nombre de livres aux armes qui se trouvent dans sa bibliothèque, et où je signalerai, en passant, celles de l'évêque d'Avranches, Huet ; de notre évêque Colbert et de son oncle, le grand Colbert ; de Charancy, successeur immédiat du premier, qui fut presque aussi avant dans la réaction religieuse que le premier l'avait été dans les hardiesses ; de l'auteur de la bulle *Unigenitus*, le pape Clément XI, etc., etc.; enfin, et dans un autre camp, de plusieurs princes de l'Église anglicane.

Cela donne raison encore du choix parfait et de la condition plus irréprochable que luxueuse qui distingue ses livres : l'abbé Flottes, en bibliophile éclairé, ne sacrifiait pas absolument à la fioriture.

Puis, il faudrait dire quel soin religieux il apportait à leur conservation. Nul n'avait le droit de toucher à ses livres ; c'était lui, et lui seul, qui, sans souci de sa haute position et comme un simple mercenaire, y renouvelait tous les ans la toilette de propreté ; mais, on le comprend, ce n'était pas là qu'affaire de sentiment. L'abbé Flottes possédait seul le secret de l'ordre arbitraire de sa bibliothèque, puisqu'il l'avait fait ; il ne voulait pas l'exposer à être défait par personne, même par ses meilleurs amis. Enfin l'abbé Flottes n'avait pas pour ses livres un simple amour platonique ; il pratiquait en grand le précepte d'Horace: *Nocturnâ versate manu, versate diurnâ.* La preuve en est dans le flot de sinets de papier, avec marques de rappel, que nous trouvons dans quantité de ses livres.

J'ai cité plusieurs des sources des approvisionnements de l'abbé Flottes. Mais c'est surtout la célèbre chartreuse de Villeneuve-lez-Avignon, la plus riche abbaye de cet ordre qui soit en France, écrivait en **1716** le savant Dom Martène [1], abbaye qui avait fondé celle d'Aix et de Marseille, et qui, ajoute le célèbre touriste, pourrait bien en fonder d'autres ; c'est, dis-je, le fonds de cette chartreuse vantée par Dom Martène, qui, il y a dix ans environ, est venu assurer à la collection de l'abbé Flottes une distinction toute particulière.

Quelques détails historiques inédits, pris en bon lieu, ne seront peut-être pas ici hors de saison.

Lors des pillages révolutionnaires qui amenèrent la ruine à peu près complète de l'abbaye, des soins pieux avaient réussi à sauver la bibliothèque et à la cacher dans des locaux particuliers. Les temps devenus plus calmes, l'administration municipale prit possession de ces trésors, diminués toutefois par le fait de certains larcins [2] ; elle les réunit dans des pièces dépendant de sa demeure et préposa à leur garde un agent salarié.

Mais ce fut bien longtemps après et à la date ci-dessus, qu'on s'avisa de vouloir faire argent de ce fonds inutile à une petite population, et conservé jusqu'ici à l'état de meubles. La chose se fit par adjudication publique et d'une manière légale. Des libraires de la province, plusieurs de Paris, et des meilleurs, se présentèrent. Mais le vainqueur courageux fut M. Félix Seguin, de Montpellier. Son trésor rendu chez lui, il en fit exposition dans un magasin particulier, et en écoula la vente au moyen de l'impression et

---

[1] *Voyage littéraire de deux bénédictins.*

[2] Dom Martène cite, notamment parmi les manuscrits, plusieurs manuscrits hébraïques d'une grande beauté, qui à la fin ont continué de manquer.

de la distribution d'une suite de catalogues à prix marqués.
Je n'ai pas besoin de dire si l'abbé Flottes s'y pourvut
largement ; à lui seul, il y prit successivement pour une
très-forte somme : encore même eut-il le regret de laisser
passer, mais non sans soupirs, cette polyglotte de Valton
dont j'ai déjà parlé.

Il n'est pas possible, ai-je dit, quant à présent, de faire
connaître par le détail la collection de l'abbé Flottes ; un
travail assidu de rédaction de catalogue à deux, le bibliothécaire et son adjoint, pendant plus de deux mois, nous a
suffi à peine pour relever sur cartes le tiers de cette
bibliothèque.

Quelques vues d'ensemble doivent suffire ; le complément
viendra plus tard.

Le recueil de l'abbé Flottés touche à un assez grand nombre de parties de la bibliographie; mais il y a des parties d'élite. Je n'ai pas besoin de nommer en première ligne la théologie : j'ai déjà cité une des deux polyglottes de Villeneuve; après cela, je nommerai le recueil très-complet des SS. Pères, tous en éditions bénédictines, et dont les derniers venus, les plus rares dans cette collection qu'il ne pouvait pas se résoudre à avoir incomplète, lui ont coûté quelquefois des prix fous; le recueil des Conciles du P. Labbe; puis les nombreux traités de théologie dans toutes les parties de la science, depuis les traités les plus anciens jusqu'aux actualités de la théologie polémique contemporaine; puis ce qu'on pourrait appeler la philologie de la science, etc., etc. Le droit canonique et certaine question brûlante de nos jours, celle des libertés de l'Église gallicane, y trouvent encore satisfaction. Ces deux séries recèlent d'ailleurs des incunables et un bon nombre d'éditions gothiques des premiers temps.

Mais c'est la philosophie proprement dite qui occupe ici, dans la collection, on le comprend, une place hors ligne. Naturellement, tous les maîtres anciens et modernes s'y trouvent dans des éditions rares et recherchées et des exemplaires de choix; mais les contemporains ne manquent pas non plus. Plusieurs œuvres d'émules ou d'anciens disciples de l'abbé Flottes sont venues le trouver à titre d'hommage. Naturellement, M. Cousin est ici au complet ; M. Cousin, qui n'avait pas conservé de souvenir de certaine controverse philosophique agitée entre eux ; M. Cousin, dont M. Germain[1] a rapporté une lettre charmante où l'ancien ministre se dérobe et ne laisse voir que le confrère parlant à un confrère.

La partie des belles-lettres est à noter encore avec grand honneur. Je ne parle pas seulement des classiques choisis dans les langues anciennes, mais encore des écrivains divers dans la langue nationale. La partie des origines et des écrivains du XVI⁰ siècle paraît y être assez faible ; en revanche, la série du XVII⁰ et celle du XVIII⁰ siècle, surtout la première, y abondent: ce sont des séries de choix. D'autre part, l'élite des contemporains remplira par ce secours une lacune jusqu'ici en partie regrettable dans notre propre bibliothèque. Mais ce qu'il faut encore noter, c'est la partie philologique et les recueils littéraires et critiques anciens, aujourd'hui si rares.

Pour ce qui tient à l'histoire, je me bornerai à citer, après les classiques anciens naturellement. la partie de l'histoire ecclésiastique et de la polémique, soit ancienne, soit moderne ; celle-ci continuée jusqu'à nos jours.

Malheureusement, à côté de lacunes que le recueil de l'abbé Flottes comblera, il fera surgir des doubles en certain nombre. C'est un mal nécessaire qui peut être supporté. D'autre part, les dons d'unités conférés par l'abbé Flottes à certains de ses amis, et qui ont été acquittés en grande partie par les exécuteurs testamentaires, avec un empressement auquel les bibliothécaires se sont fait un devoir de concourir, diminueront sensiblement de peu la

---

[1] Voir la brochure de ce professeur déjà citée.

valeur de la collection. La bibliothèque possédait déjà les équipollents.

Mais, dans cette énumération de séries, il y a des points très-importants à noter et qui, à eux seuls, constituent autant de petites bibliothèques dans cette grande bibliothèque.

On sait que les études philosophiques privées de l'abbé Flottes s'étaient portées surtout sur trois grandes personnalités : Pascal, Huet, saint Augustin. Sous l'étiquette de ces trois noms, sans parler des autres sujets d'études de l'abbé Flottes[1], il y a ici trois séries de monographies qu'il serait impossible de se procurer plus complètes : éditions choisies et diverses, opuscules rares, critiques en tout genre, rien n'y manque.

Après cela, ce qui mérite une place à part, à vrai dire la seule partie à peu près bibliographiquement classée dans la collection Flottes, c'est ce qu'il appelait sa bibliothèque de Port-Royal.

Par voie de complément, l'abbé Flottes ne pouvait pas négliger de s'approvisionner encore dans les divers méandres qui, à divers temps, plantèrent leur drapeau à côté de ce grand nom. Mais, en décrivant cette partie de la collection Flottes, à Dieu ne plaise que j'aie la moindre crainte devant des susceptibilités inquiètes et mal avisées !

Plusieurs motifs attiraient l'abbé Flottes vers le sujet de Port-Royal et des ramifications qui s'y rattachent.

D'abord, sa conscience de théologien ; le théologien à qui, suivant la parole de saint Augustin, si familier à l'abbé Flottes, les écrits humains s'imposent, non *comme loi de croyance,* mais *comme curiosité légitime de lecture*

______
[1] Voir le détail dans la brochure de M. Germain, déjà citée, p. 13.

et de critique[1]; puis, sa grande passion pour Pascal, qu'il a entrepris de venger, et, dans une suite d'études, a réussi à venger à l'encontre d'injustes inculpations de scepticisme; Pascal que, bien mieux encore, et à l'aide notamment de textes formels émanés de lui[2], il a replacé avec son auréole dans le foyer lumineux de l'orthodoxie catholique, en lui laissant d'ailleurs tout le blâme de points doctrinaux secondaires[3]. Mais surtout, ce qui dispense ici de toute autre raison, l'abbé Flottes était attiré vers le sujet bibliographique en question par sa passion curieuse de bibliophile, qui ne connaissait pas de bornes.

Qu'ai-je besoin maintenant, à l'honneur de cet ecclésiastique, de rappeler ici son long exercice des titres de promoteur de l'officialité diocésaine et de vicaire général du diocèse, titres plutôt subis, pour ne résister pas aux bontés de feu Mgr Thibault, d'heureuse mémoire, et venir en aide à ce prélat, que désirés par lui !

Donc, l'abbé Flottes se donna pleine carrière. Tout est là. Voici venir Jansénius avec ses soutiens et ses continuateurs. Voici les deux frères Arnauld et la mère Angélique, leur sœur; Quesnel, de Sacy, Pascal et tous les autres. Voici les longues controverses *sur la grâce;* la bulle *Unigenitus* et les grandes tempêtes qu'elle soulève; les questions du *Formulaire;* le feu croisé des mandements épiscopaux et la résistance des *appelans* parmi

---

[1] *Libri ab hominibus scripti non cum necessitate credendi, sed cum judicandi libertate legendi.* — S. Aug., *Opera.* tom. VIII, fol. 221, *Liber XI, contra Faustum.*

[2] L'abbé Flottes, *Etudes sur Pascal;* V⁰ étude, pag. 163, à la note Montpellier. Bœhm, 1843-45.

[3] Étude V⁰ ci-dessus. Opinion déjà exprimée en divers lieux. notamment *in fine*, p. 204.

2

lesquels figurent en nombre les écrits de notre fougueux évêque Colbert; enfin voici l'histoire complète de la grande maison de Port-Royal, depuis ses origines jusqu'à sa ruine, histoire écrite par ses fondateurs et continuée, avec appréciations diverses, par les modernes.

Dans une autre région de la lutte, il faut citer le diacre Pâris et ses miracles, racontés par les contemporains, soutenus par des adeptes pleins d'enthousiasme et de foi, et démontrés par des figures : le malade avec toutes ses misères physiques, et, en regard, sa parfaite désinvolture et le rétablissement de ses membres après ses prières à saint Médard, sur la tombe du célèbre diacre. Mais je n'omettrai pas non plus, sur les derniers plans, l'histoire des folies des convulsionnaires et des arrêts du Parlement de Paris, rendus après enquêtes et rapports des hommes de l'art.

Pour tout dire, c'est le jansénisme moulé sur nature ; c'est sa vie propre avec sa Bible à soi, ses psaumes à soi, sa pratique liturgique, ses grandes manifestations historiques, controversistes, méditatives, prises à la base et conduites jusqu'aux derniers râlements de cette grande école religieuse, à la fin devenue secte. Ce fut là heureusement le terme des grandes agitations qui, pendant près d'un siècle, troublèrent le monde catholique, mais surtout la France.

Les écrits infinis de ce temps, toutes ces feuilles ardentes, beaucoup imprimés en Hollande, tirés et répandus en grand nombre, avaient été dispersés aux quatre vents du ciel, beaucoup brûlés par la main du bourreau. Il a fallu a passion d'un bibliophile aussi curieux que l'abbé Flottes pour parvenir à les réunir tous. Je doute qu'ailleurs, même à la Bibliothèque impériale, la collection soit aussi riche.

Mais notre bibliophile n'aurait pas été complet s'il ne
s'était approvisionné encore dans le camp opposé : le
camp jésuitique et moliniste. Sans être aussi nombreuse
que la précédente, cette partie a de longues séries. En
tête, il faut citer le P. Cotton et ses nobles émules ; le
Père Cotton, qui fut l'ami et le confesseur de Henri IV
et convertit à la foi de ses pères le maréchal de Lesdi-
guières, si connu par ses exploits guerriers ; puis la queue
de tous les partis, les pamphlétaires, qui suscitent toujours
autour d'eux d'autres pamphlétaires ; je ne nommerai
qu'une des œuvres de ce temps : *le Cotton et l'Anti-Cotton*,
cette moralité en partie double que Voltaire, à son heure
venue et brochant sur le tout, persifla de sa satire sarcas-
ique.

Je dois déclarer en terminant qu'un grand nombre des
livres ci-dessus sont advenus à l'abbé Flottes de la bibliothèque de Villeneuve Tous, et beaucoup d'autres encore
dans d'autres séries, portent au frontispice l'attache ma-
nuscrite : *inter libros prohibitos*; formule rappelant, à un
autre point de vue, le *cave canem* qu'on lit sur les murs
antiques de certaines maisons de Pompéi, exhumées de
leur sépulcre.

Après avoir donné une idée de la collection Flottes, sauf, ai-je dit, à compléter ces réflexions plus tard, je me dis maintenant : que fera-t-on ? et, surtout, quand fera-t-on ?

On sait que le Conseil municipal, sous l'influence chaleureuse de la parole de M. le professeur Bouisson, organe de la commission spéciale dont il était rapporteur, a accepté la donation aux conditions voulues, et a émis le vœu qu'une galerie particulière, ornée du portrait du donateur, soit établie *ad hoc* et reliée avec le bâtiment actuel par une communication intime. Et, dans le fait, pouvait-il en être autrement ?

Les quarante mille volumes environ représentant la bibliothèque actuelle étouffent dans la galerie qui a remplacé, en 1844, les anciens locaux à rez-de-chaussée où fut installée d'abord la précieuse collection Fabre, augmentée de l'embryon de l'ancienne bibliothèque de la ville ; galerie construite aux frais de l'illustre fondateur du Musée et par ordre de sa libéralité posthume. Aujourd'hui, il n'y a plus de place, je ne dirai pas pour la nouvelle bibliothèque qui nous survient, mais pour les besoins quotidiens, et à plus forte raison pour ceux de l'avenir. D'autre part, la place a manqué et manque encore pour les exhibitions d'art et d'antiquités, ordinaires dans les grandes bibliothèques, et dont les fonds pourraient briller chez nous. Il nous faudrait des vitrines pour recevoir les trésors de glyptique provenant de la donation Fabre, et dont beaucoup appartinrent à Alfieri ; il nous en faudrait pour recevoir des spécimens de manuscrits anciens ou à vignettes et d'autographes, dont le nombre est considérable dans nos cartons ; enfin, et si ici, comme dans les meilleurs établissements, un cabinet d'estampes pouvait être placé dans les dépendances de la bibliothèque, quels trésors ne nous fourniraient pas les nombreux portefeuilles du fonds Fabre ! [1]

La galerie appelée par le vœu du Conseil municipal ne serait pas, tant s'en faut, excessive. Cette galerie, construite à premier étage au-dessus du bâtiment de l'École de peinture, à double façade sur l'Esplanade et sur le jardin du Musée, avec beaux jours (jour de haut surtout), et se reliant par son extrémité et à niveau à notre galerie au moyen du salon carré actuel agrandi, cela serait d'un bon effet académique et permettrait, sans trop de souci, de regarder à l'avenir.

Mais la conservation du musée des tableaux crie plus fort encore ; elle n'en peut plus, elle est à bout de voie et réclame énergiquement.

Nous espérons qu'on écoutera son vœu, et nous nous y associons de toute notre âme. Grâce à Dieu, l'espace ne manque pas ! On a devant soi tout le terrain du jardin du Musée.

Sans doute, notre édilité communale, vu ses grands travaux exécutés ou à exécuter, n'a pas en main, ici, quelque chose comme les deux millions que la ville de Marseille consacre, en ce moment, au logement de sa bibliothèque et à celui de ses écoles de haut enseignement. Mais, pour ne parler que de l'objet où nous avons le droit d'émettre

---

[1] Je ne réclame rien pour un médailler numismatique : notre fonds ne mérite pas d'être cité : mais on peut citer celui qui figure au Musée dans le cabinet particulier de la Société archéologique. et qui est propriété municipale.

notre parole, nous avons la conviction que l'administration aspire, de tout l'élan de son patriotisme et de son sentiment du bien public, à traduire en actes les vœux de son Conseil, qui sont les siens. Donc on fera, et d'une manière digne sans doute. Mais qu'on avise! il est temps.

Deux ans — qu'est-ce que deux ans ! — sont la limite extrême à l'issue de laquelle l'abbé Flottes a voulu que la rédaction et l'impression de son catalogue, et, par voie de suite, l'inauguration de son fonds dans l'établissement municipal, soient un fait accompli. La chose est facile pour les deux premiers points, le donateur en ayant mis les frais à la charge de la succession. La rédaction — elle remercie, se trouvant assez récompensée par le plaisir qu'elle éprouve et par le sentiment intime d'un devoir à accomplir — sera prête au temps voulu. Les exécuteurs testamentaires seront prêts aussi. A la ville son œuvre. Elle ne voudra sûrement pas que la collection Flottes, en dehors de ses grandes spécialités, destinée à combler, pour le courant, dans la bibliothèque de Montpellier, des lacunes regrettables et forcées par suite de l'insuffisance d'un budget trop restreint, elle ne voudra sûrement pas que la collection de l'abbé Flottes demeure, au delà du terme, inaccessible à ses concitoyens et aux études que ce donateur a voulu favoriser [1].

---

[1] Du reste, en nous plaçant à un point de vue général, peut-être aurions-nous tort de nous récrier trop ici sur la gêne domestique des deux départements qui constituent le musée Fabre. Du petit au grand, c'est à peu près l'histoire de tous; et, à commencer par la tête, qui ne sait qu'au Louvre même et à la Bibliothèque impériale existent des limbes où sont conservés des sujets de choix, attendant là des années dans l'espoir d'arriver — s'ils doivent y arriver jamais — au séjour des élus ! — Dans notre siècle d'imitation et sur notre petit coin, sachons nous inspirer, suivant notre portée, de l'exemple que donne d'une manière si grandiose la Bibliothèque impériale !

Remarquez encore qu'avec la collection Flottes, notre bibliothèque sera près d'atteindre le nombre de **50** mille volumes. Ce chiffre est le chiffre normal en dessous duquel un établissement de cette sorte, fût-il doté comme le nôtre de parties spéciales et d'élite comme la partie italienne (fonds Alfieri), la partie des beaux-arts (fonds Fabre), le recueil des manuscrits et papiers de ces personnages et de ceux de la comtesse d'Albany, enfin la partie botanique et scientifique (fonds Augustin Saint-Hilaire); remarquez, dis-je, que ce chiffre est le chiffre normal en dessous duquel une bibliothèque ne saurait aspirer au titre de grande bibliothèque.

C'est, tout auprès de nous, environ celui de la bibliothèque de notre École de médecine, où je ne puis m'abstenir de saluer en passant le recueil de ses manuscrits, dont le choix assure à cet établissement une place d'élite parmi les premières bibliothèques de France; c'est, avec une addition, beaucoup plus pour certaines, mais jamais en moins, celui de nos premières bibliothèques du Midi.

En principe, dans les galeries des établissements de cette nature, les portraits des fondateurs et donateurs particuliers sont comme une étiquette privée et le témoignage parlant de la reconnaissance publique. Notre bibliothèque ne pouvait manquer à cette loi. Elle montre avec orgueil les bustes de Fabre, d'Alfieri; mais l'image de la comtesse d'Albani, dont le fonds fait état à notre bibliothèque, est absente. En fait d'images peintes, elle ne possède que le portrait, très-ressemblant d'ailleurs, de l'un de ses derniers donateurs, déjà nommé, feu M. Augustin de Saint-Hilaire, dit Auguste de Saint-Hilaire.

L'image peinte de l'abbé Flottes aura sa place d'honneur dans cette exposition. Mais cette exposition iconographi_que, mi-partie plastique et peinte, outre, je l'ai déjà dit, qu'elle est incomplète, manque d'harmonie pittoresque et est insuffisante pour les yeux.

Or, les galeries du Musée possèdent en originaux plusieurs portraits d'Alfieri, de la comtesse d'Albani, de Fabre, tous de la main de ce dernier artiste. Oserai-je demander que, sinon tous, du moins partie de ces portraits passent dans la bibliothèque agrandie, où une place leur serait si légitimement due? Mais, dans le cas où mon vœu restreint devrait être écarté, je demande que des copies en soient confiées à quelques-uns des artistes habiles que compte notre cité[1]. Dès ce jour, la galerie iconographique spéciale de notre bibliothèque sera fondée.

Mais l'avenir! oh! il n'a pas dit son dernier mot.

Grâces à Dieu, la ville de Montpellier compte un assez grand nombre de bons citoyens possesseurs de collections artistiques ou littéraires spéciales, et dont le patriotisme pourrait être excité par de nobles exemples anciens ou nouveaux (note D.)

Donc qu'on ne marchande pas l'espace! — De plus, je serais tenté de demander que M. l'architecte chargé du projet d'établissement et d'appropriation réserve dans les nouveaux locaux une place où devrait être érigée une colonne de marbre, avec cette inscription à la base : *Ignoto Deo !*

---

[1] Le portrait de M. de Saint-Hilaire, savamment traité, et très-ressemblant est l'œuvre d'un artiste de Montpellier établi à Paris, sorti de nos écoles et proche allié de notre Cabanel, M. Charles Brun. Il fut exécuté à Paris, aux frais de la ville, d'après une peinture à miniature fournie par la famille de M. de Saint-Hilaire, qui témoigna de son contentement à l'artiste en lui demandant des copies de son œuvre.

NOTES ADDITIONNELLES

—

A. — Vers la même époque, aux débuts de son enseignement dogmatique au séminaire diocésain, l'abbé Flottes donnait, comme professeur libre, des leçons d'humanités dans un petit nombre de grandes maisons. L'un de ses élèves fut le jeune Raymond Broussonnet, depuis le professeur agrégé Broussonnet, assez connu par ses longs services publics divers; prématurément enlevé par la mort, et peu après suivi dans la tombe par son unique fils, jeune homme d'une santé florissante, d'à peine vingt-trois ans, et sur la tête de qui s'est radicalement éteint tout espoir de suite à la dynastie scientifique et professorale des Broussonnet. Deux autres de ses élèves (l'abbé Flottes n'en eut jamais davantage) étaient les deux jeunes fils du vénérable comte de Ezpeleta, de Pampelune, qui avait été vice-roi du Pérou avant le démembrement des colonies espagnoles, et qui se trouvait à Montpellier vers la fin du premier Empire, en qualité d'exilé politique ou de prisonnier de guerre, je ne sais. Les jeunes Ezpeleta étaient mes voisins et nous étions compagnons de jeux d'enfance.

Dans mes vacances de 1851, me trouvant à Madrid, je m'enquis d'eux, et j'appris que l'un était capitaine général de la province d'Aragon, mais qu'il était en voyage en France, et que l'autre occupait une haute position militaire dans la Navarre; et, comme je m'affligeais de cette double absence. « Rassurez-vous, me dit mon donneur de nouvelles, un des frères aînés de mes anciens amis, Firmin (c'est le nom de l'Aragonais; nous l'appelions Fermin de son petit nom espagnol) s'est promis de ne pas rentrer en Espagne sans revoir, à Montpellier, ceux qu'il n'a pas oubliés. » Firmin vint, en effet, et nous nous revîmes.... avec quel bonheur ! Nous, c'était quelque chose, mais l'abbé Flottes, c'était bien davantage. Aussi, comme nous fûmes émus de voir l'étreinte chaleureuse et respectueuse à la fois avec laquelle le grand d'Espagne serra contre sa poitrine son ancien professeur particulier !

B. — Je demande qu'on me permette ici un détail pédagogique d'un autre âge, et qui peut avoir quelque intérêt. Alors (et long-temps encore après, je crois), l'enseignement philosophique se professait en latin. Questions et réponses se faisaient en cette langue, et nous avions la bonté d'appeler cela des dialogues à la manière antique. Mais, comme nos noms vulgaires auraient très-désagréablement tranché sur la forme linguistique consacrée, l'abbé Flottes s'était mis à latiniser les noms de chacun de nous, souvent d'une manière heureuse. A son tour, le professeur avait dû passer par le bap-tême commun. A la vérité, son nom était peu archaïque ; nos aînés lui en avaient forgé un qui était accepté de tous, et l'abbé Flottes répondait sans sourciller à cette appellation : *domine Classis.* Mais ne croyez-pas que ces familiarités de langage fussent con-traires au bon ordre. Le respect et l'amour pour l'abbé Flottes étaient innés dans l'âme de ses élèves : j'en appelle au reste de mes survivants et à ceux qui ont pu nous suivre sur les mêmes bancs. Je ne crois pas non plus que le profit des études eût à souffrir de l'usage de la langue classique. Il me semble, au contraire, que par là nous nous accoutumions à la netteté de la pensée à la sobriété du langage. Les règles du raisonnement entraient plus vivement dans nos esprits.

C. — A propos de la charité d'âme de l'abbé Flottes, je puis citer un fait intime et à ma connaissance personnelle.

Les bibliothèques publiques ont des habitués ou des visiteurs de toute sorte, depuis le prince jusqu'à l'exilé instruit et nécessiteux, pour qui elles sont en quelque sorte un lieu d'asile (j'ai eu le temps d'en voir, hélas ! de presque toutes les nations). Le sujet de l'his-toire est un étranger que des vicissitudes politiques avaient atteint et dont il fallait, par des secours d'argent qui lui manquaient abso-ment (on ne vit pas de sonnets !) assurer le voyage et les premiers jours d'établissement à Paris, où ses lumières spéciales et de hautes recommandations pouvaient lui faire espérer une exis-tence. Après m'être inscrit en tête de la liste, je me mis en quête. Remarquez qu'il était besoin d'une assez forte somme ; les chemins de fer n'existaient alors qu'en partie. Après avoir frappé avec succès à de nobles et miséricordieuses portes, je me présentai chez l'abbé Flottes, et comme je m'efforçais d'être pathétique, d'autant qu'il y avait dans l'histoire un côté sombre : « Prenez garde ! » mon ami, m'interrompit l'abbé en me mettant son offrande » dans la main, on est quelquefois trompé ; mais cette chance » ne doit pas retenir ; la charité est toujours bien faite quand » elle l'est en vue de Dieu. » Puis il lança comme un trait cette parole caractéristique que je n'oublierai jamais : « En ces choses » mon ami, DANS LE DOUTE, NE VOUS ABSTENEZ PAS...... » Le philosophe s'effaçait devant le disciple intelligent et soumis de l'Évangile.

—

D. — Parmi les derniers venus, soit d'ici, soit d'ailleurs, j'ai à nommer, dans l'ordre des dates, M. le docteur Prosper Piron, ancien chirurgien de marine, et, dans les derniers temps, sous-bibliothécaire à la Faculté de médecine, qui a légué à notre Société archéologique les objets d'antiquités recueillis dans ses nombreux voyages, et dont la partie choisie a déjà reçu au Musée sa place sous les vitrines du cabinet de la même Société.

Mais une mention spéciale est due ici à M. Jules Bonnet, de Pézenas. Cet amateur, mort il y a moins d'un an dans sa ville natale, a laissé un testament où, après avoir fait la part des pauvres de sa ville, il lègue à celle de Montpellier tout son cabinet, savoir : au Musée, ses toiles peintes, dessins, estampes encadrées ou en portefeuille et ses objets d'art ; à la Société archéologique, les livres de sa bibliothèque. Il y aura ici, pour ne parler que du Musée, un triage à faire. Jusqu'ici, faute de place, on n'a pu y exposer qu'une partie des objets d'art ; tout le reste est conservé avec respect et avec soin dans un des magasins de cet établissement. Le moment venu, l'élite de cette collection sera inaugurée dans les galeries du Musée.

Montpellier. imprimerie GRAS.

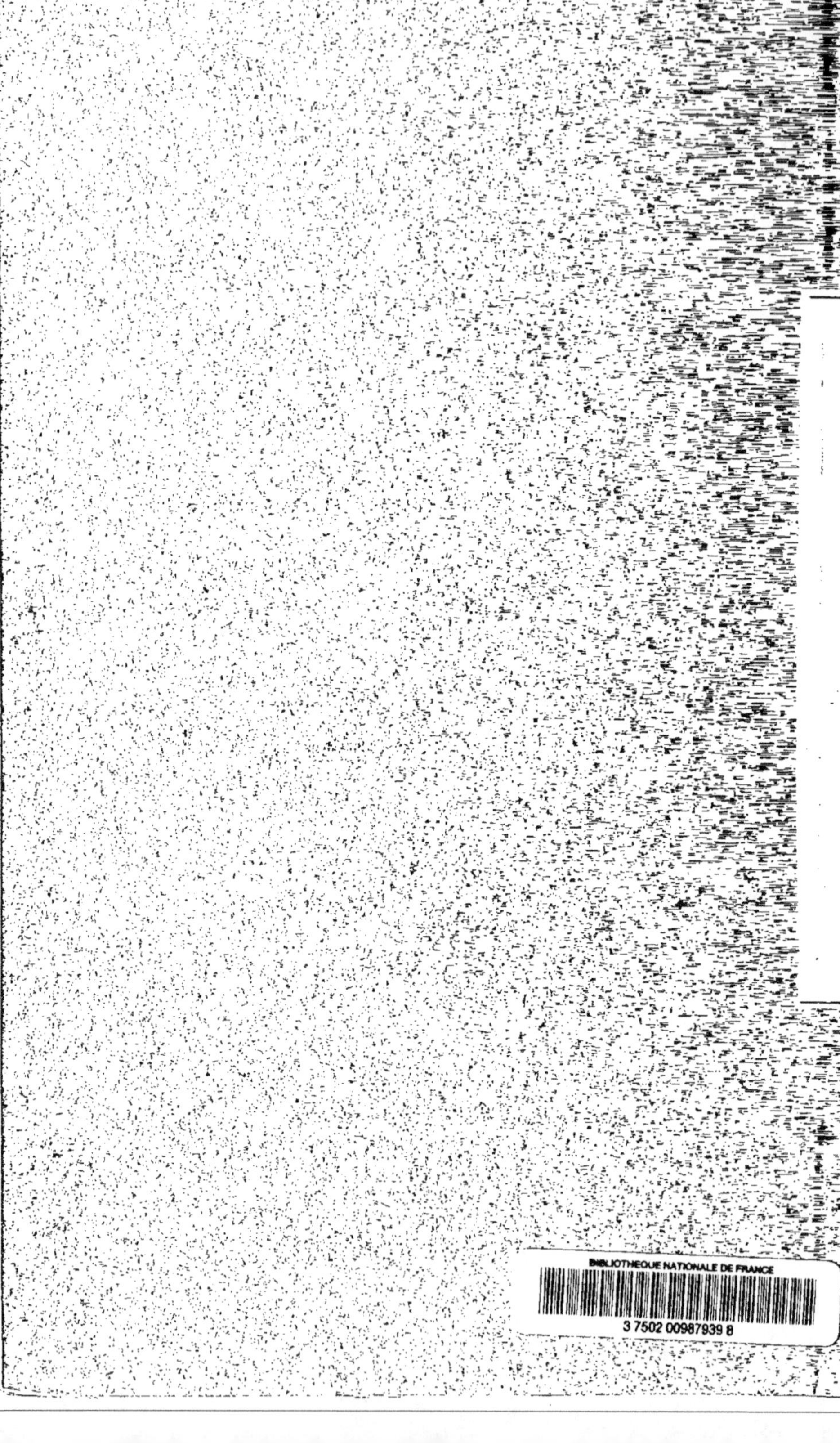

www.ingramcontent.com/pod-product-compliance
Lightning Source LLC
Chambersburg PA
CBHW061132050726
47594CB00005B/2204